Impressum
Verlag: BABADADA GmbH, Nedderfeld 112 , 22529 Hamburg
Geschäftsführer / Verlagsleitung: Harald Hof
Druck: Books on Demand GmbH, In de Tarpen 42, 22848 Norderstedt

Imprint
Publisher: BABADADA GmbH, Nedderfeld 112 , 22529 Hamburg, Germany
Managing Director / Publishing direction: Harald Hof
Print: Books on Demand GmbH, In de Tarpen 42, 22848 Norderstedt, Germany

سکول
baba

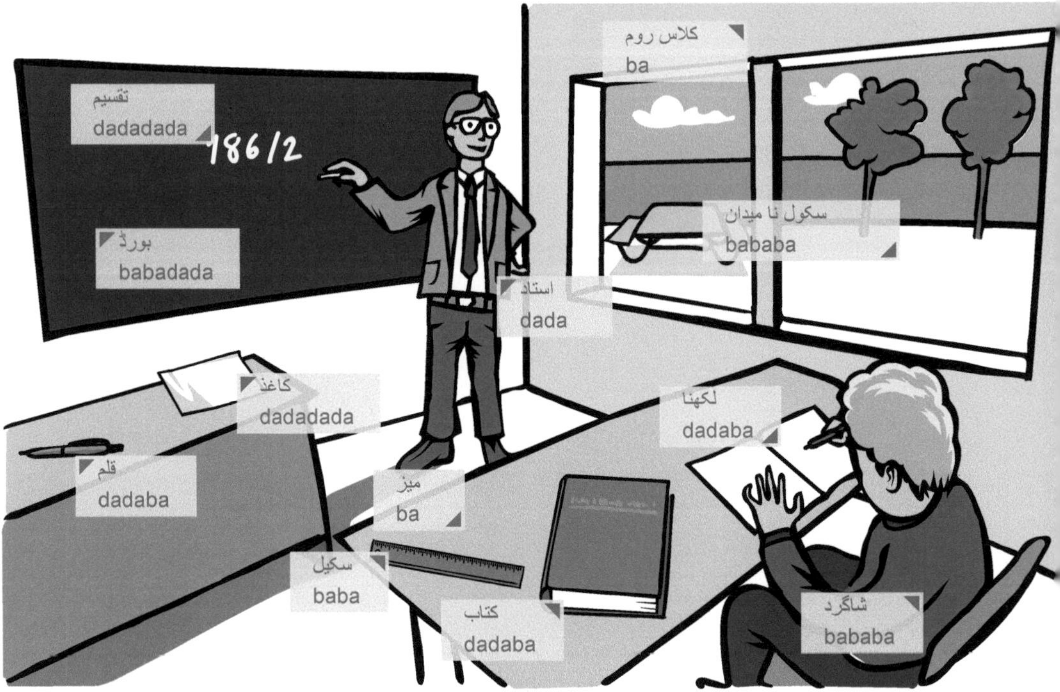

تقسیم
dadadada
186/2
کلاس روم
ba
بورڈ
babadada
سکول تا میدان
bababa
استاد
dada
کاغذ
dadadada
لکھنا
dadaba
قلم
dadaba
میز
ba
سکیل
baba
کتاب
dadaba
شاگرد
bababa

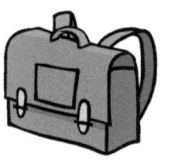

جزدان

dadaba

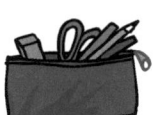

پینسل دا ڈبہ

dada

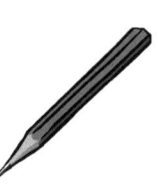

پینسل

bababa

پینسل شارپنر

dadaba

ربر

baba

ڈرائنگ پیڈ

ba

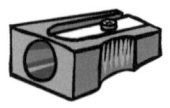

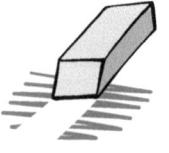

ڈراننگ

babababa

پینٹ برش

ba

پینٹ باکس

dada

قینچی

babadada

گلو

dadaba

مشقی کتاب

dadadada

گھر دا کم

babadada

12

عدد

bababa

2+2

جمع

dadaba

5−2

تفریق

bababa

2×2

ضرب

badada

کیلکولیٹ

dadababa

A

خطرہ

babababa

ABCDEFG
HIJKLMN
OPQRSTU
VWXYZ

حروف تہجی

babababa

hello

لفظ

dada

متن

babadada

پڑھنا

dadadada

چاک

dada

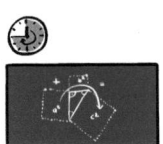

سبق

babababa

رجسٹر

ba

امتحان

baba

سند

babababa

سکول کی وردی

babadada

تعلیم

babababa

انسائیکلوپیڈیا

dadababa

یونیورسٹی

babababa

مائیکرو سکوپ

dadababa

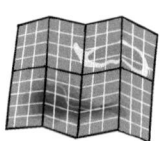

نقشہ

bababa

کچرے نا ٹبہ

babadada

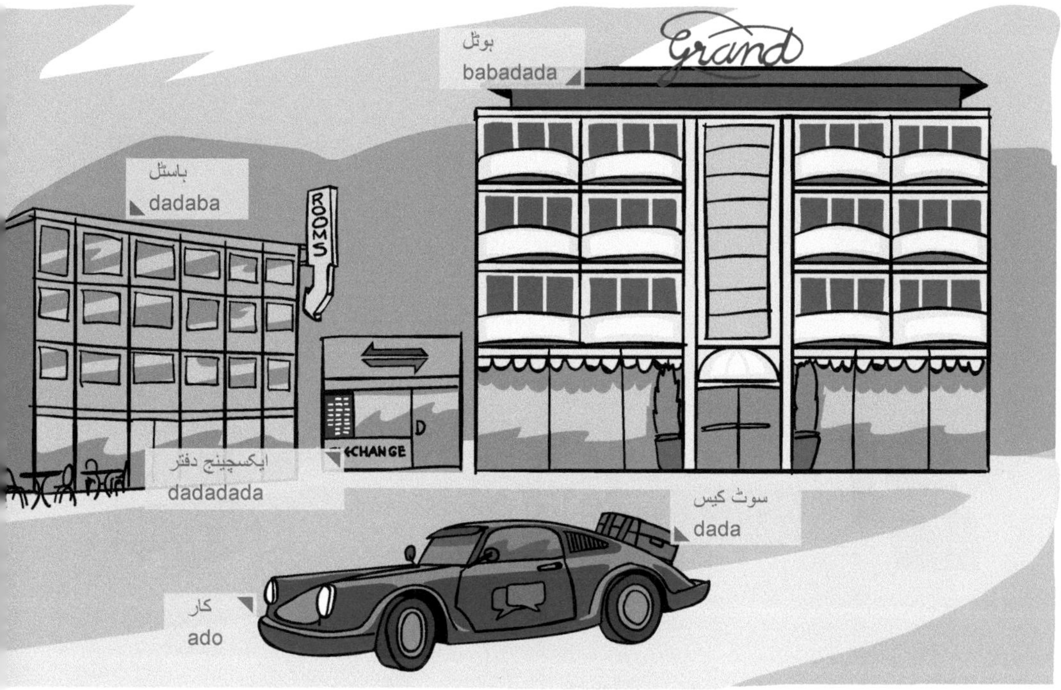

Grand
ہوٹل
babadada
ROOMS
ہاسٹل
dadaba
EXCHANGE
ایکسچینج دفتر
dadadada
سوٹ کیس
dada
کار
ado

بولی

dadadada

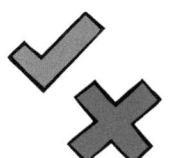

ہاں /نئیں

da / meh

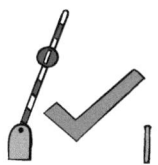

ٹھیک ہے

Oh

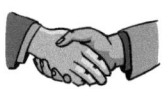

اسلام و علیکم

ba

ترجمان

dada

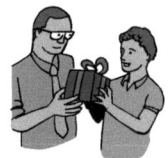

شکریہ

dada

ایہہ کِنّے نے ؟

babababa

می سمجھ نئیں رلی

ah

مسئلہ

dadaba

اسلام و علیکم

ba dada

اسلام و علیکم

babadada

اللہ حافظ

heia!

اللہ نے حوالے

dadaba

سمت

badada

سامان

dada

بیگ

babababa

بیک پیک

babababa

مہمان

baba

کمرہ

dadadada

سلیپنگ بیگ

dadadada

خیمہ

dada

سیاح لئی معلومات

dadadada

ساحل سمندر

badada

کریڈٹ کارڈ

babadada

ناشتہ

dadababa

دوپہر نا کھانا

baba

رات نا کھانا

bababa

ٹکٹ

dada

لفٹ

dada

مہر

babadada

بارڈر

badada

کسٹمز

dadaba

ایمبیسی

babadada

ویزا

dadaba

پاسپورٹ

dada da da da

جہاز
baba

پانی آلا جہاز
dada

فائر انجن
baba

بس
babababa

ٹرک
bababa

موٹر بوٹ
dada

بائیک
dadadada

کار
ado

فیری

babadada

کشتی

baba

موٹر بائیک

bababa

پولیس کار

ado

ریسنگ کار

ado

کرایہ نی گڈا

کار شیئرنگ

dada

بریک ڈاؤن ٹرک

ado

ریفیوز ٹرک

ado

موٹر

brumbrum!

فیول

bababa

پٹرول سٹیشن

dada

ٹریفک سائن

dadaba

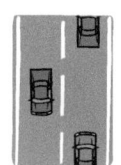

ٹریفک

badada

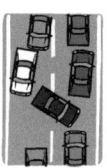

ٹریفک جام

ado ado

کار پارک

babadada

ریل سٹیشن

bababababa

ٹریکس

dada

ریل

dadaba

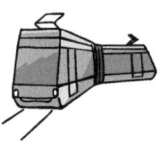

ٹرام

baba

کیرج

dadaba

ہیلی کاپٹر

baba

ائر پورٹ

baba

مینار

dadaba

مسافر

baba

کنٹینر

badada

کاڈن

dada

چھکڑا

baba

بالٹی

dadadada

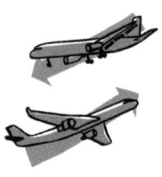

اڈنا / لہنا

da / bada

شہر

dadaba

پنڈ

bababa

سٹی سینٹر

dadababa

کھار

dadaba

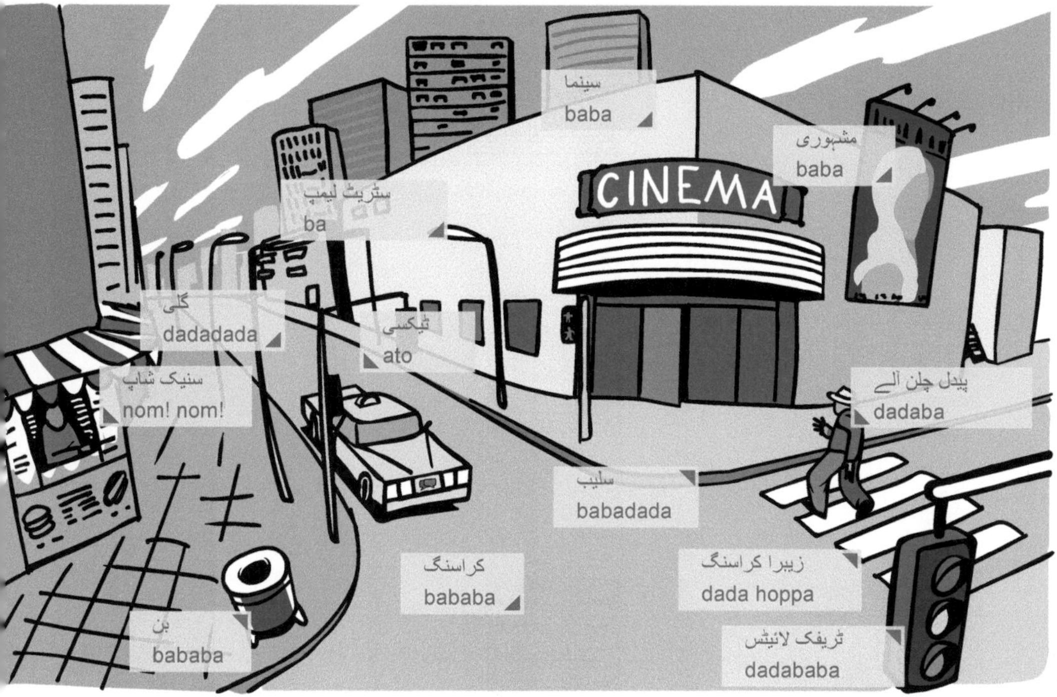

سینما
baba

مشہوری
baba

سٹریٹ لیمپ
ba

CINEMA

گلی
dadadada

ٹیکسی
ato

سنیک شاپ
nom! nom!

پیدل چلن آلے
dadaba

سلیب
babadada

کراسنگ
bababa

زیبرا کراسنگ
dada hoppa

بن
bababa

ٹریفک لائٹس
dadababa

بٹ
babadada

فلیٹ
dadadada

ریل سٹیشن
babababa

ٹاؤن بال
dadaba

میوزئیم
bababa

سکول
baba

یونیورسٹی

bababab

بینک

dadadada

ہسپتال

aua!

بوٹل

babadada

فارمیسی

aua!

دفتر

baba

کتب خانہ

bababa

ہٹی

ba

پھلاں الے

dadaba

سپر مارکیٹ

dada nom nom

بازار

dadadada

ڈیپارٹمنٹ سٹور

dadadada

مچھیرے

nom! nom!

شاپنگ سینٹر

baba

بندرگاہ

ba

پارک

dadadada

بنچ

baba

پل

babababa

سیڑھیاں

dadadada

انڈر گراؤنڈ

bababa

ٹنل

baba

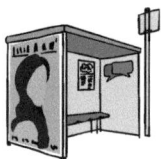

بس سٹاپ

ba

بار

babababa

ریسٹورنٹ

nom nom!

پوسٹ بکس

dadaba

سٹریٹ سائن

dada

پارکنگ میٹر

baba

چڑیا کھار

bababa

سونمنگ پول

dada

مسجد

baba

فارم
....
dadaba

آلودگی
....
dadababa

قبرستان
....
bababa

چرچ
....
ba

پلے گراؤنڈ
....
dadababa

مندر
....
bababa

منظر

dada

پتہ
baba

سائن پوسٹ
baba

راہ
dada

سر سبز میدان
bababa

پتھر
baba

درخت
dadababa

بائیکر
dada

دریا
bababa

کاہ
dada

پھل
mama!

وادی

badada

پہاڑی

bababa

نہر

dadadada

جنگل

dadadada

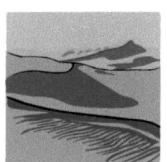

صحرا

dadababa

آتش فشاں

dadaba

قلعہ

bababababa

رین بو

dadaba

کھمبی

bababa

پام ٹری

dadababa

مچھر

aua!

مکھی

badada

چیونٹا

dadababa

مکھی

summ summ

مکڑی

dada

بهونرا

dadaba

مینڈک

quak

گلهری

dadababa

سیپہ

dadaba

ساہیا

baba

الو

gackgack

پرنده

gackgack

راج ہنس

gackgack

نر سور

babadada

ہرن

dadadada

باره سنگا

dadadada

ڈیم

dadadada

ونڈ ٹربائن

ba

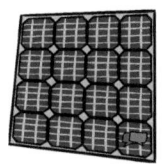

شمسی توانائی دا پینل

dadadada

آب و ہوا

bababa

nom nom!

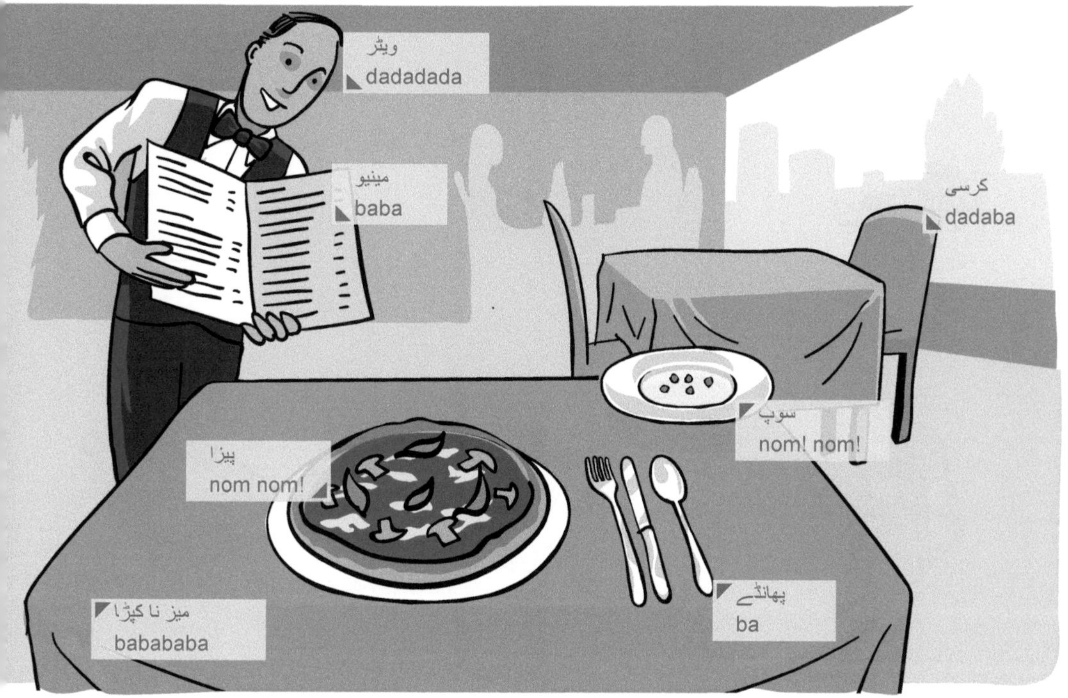

ویٹر
dadadada

مینیو
baba

کرسی
dadaba

سوپ
nom! nom!

پیزا
nom nom!

بھانڈے
ba

میز ناکپڑا
babababa

ستارٹر
....
nom! nom!

مین کورس
....
nom! nom!

ڈیزرٹ
....
nom nom!

مشروب
....
dadababa

کھانا
....
nom nom!

بوتل
....
nom nom!

فاسٹ فوڈ

nom! nom!

سٹریٹ فوڈ

nom! nom!

ٹی پاٹ

bababababa

شوگر بول

nom! nom!

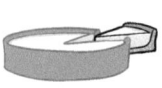

پورشن

nom nom!

اسپریسو مشین

dadaba

ہائی چئیر

bababa

بل

ba

ٹرے

bababa

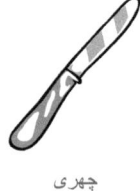

چھری

ba

کنٹا

babadada

چمچ

dadaba

ٹی سپون

bababa

تولیہ

dadaba

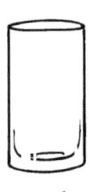

گلاس

ba

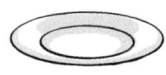

پلیٹ

nom nom!

سوپ پلیٹ

bababa

ساسر

bababa

چٹنی

nom! nom!

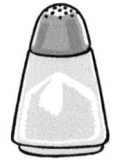

نمک دانی

dadadada

پیپر مل

dadaba

سرکہ

bähbäh

تیل

dadababa

مصالحہ

dadababa

کیچپ

nom! nom!

سرسیئوں

nom! nom!

مینیز

nom nom!

dada nom nom

سپیشل آفر
dadababa

گابک
dadaba

ڈیری
dadaba

FOR

بھل
nom nom!

ترالی
baba

قصائی
dadaba

بیکرز
nom! nom!

وزن
bababa

سبزیاں
bähbäh

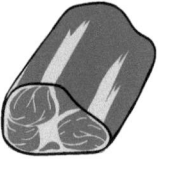

گوشت
nom nom!

فروزن فوڈ
nomnom

کولڈ گوشت

nom nom!

ٹن فوڈ

nomnom

واشنگ پوڈر

bababa

مٹھائی

baba

کھار دیاں چیزاں

dadaba

صفائی آلی چیزاں

dadababa

سیل مین

babababa

ٹِل

bababa

کیشنیر

dadaba

شاپنگ لسٹ

dada

کھلن دا ویلا

dadababa

پرس

baba

کریڈٹ کارڈ

babadada

بیگ

dadababa

پلاسٹک بیگ

dadababa

پانی

wasa

جوس

dadadada

ددھ

badada

کوک

ba

شراب

bababa

شراب

dadadada

شراب

dadaba

کوکا

bababa

چا

dadababa

کافی

dada

اسپریسو

dadaba

کیپچینو

dadababa

کیلا

nane

سیب

nom nom!

موسمبی

bababa

تربوز

nom nom!

نیمبو

nom nom!

گاجر

bähbäh

لہسن

bada meh

بانس

dadaba

پیاز

dadaba

کھمبی

nom nom!

میوے

nom nom!

نوڈلز

nom nom!

سپیگیٹی

....

nom nom!

چاول

....

nom nom!

سلاد

....

nom nom!

چپس

....

nom nom!

تلے ہوئے آلو

....

nom nom!

پیزا

....

nom nom!

بیم برگر

....

nom nom!

سینڈوچ

....

nom nom!

تکے

....

nom nom!

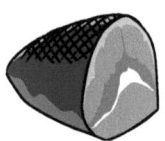

بیم

....

nom nom!

سلامی

....

nom nom!

ساسج

....

nom nom!

مرغی

....

gack gack

بھنیا ہویا

....

nom nom!

مچھی

....

nom nom!

جو نا دلیہ

....

nom nom!

مولی

....

bähbäh

کارن فلیکس

....

nom nom!

آٹا

....

nom nom!

کرائسنٹ

....

nom nom!

بریڈ رول

....

babadada

روٹی

....

nom! nom!

ٹوسٹ

....

nom nom!

بسکٹ

....

nom nom!

مکھن

....

nom nom!

دہی

....

nom nom!

کیک

....

nom nom

انڈا

....

dadaba

تلیا انڈا

....

nom nom!

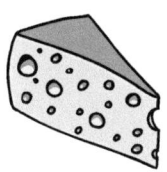

پنیر

....

bada muh

أئس كريم

nom nom!

چینی

nom nom!

شہد

baba summ

جام

nom nom!

چاکلیٹ سپریڈ

nom nom!

سالن

babadada

فارم

dadaba

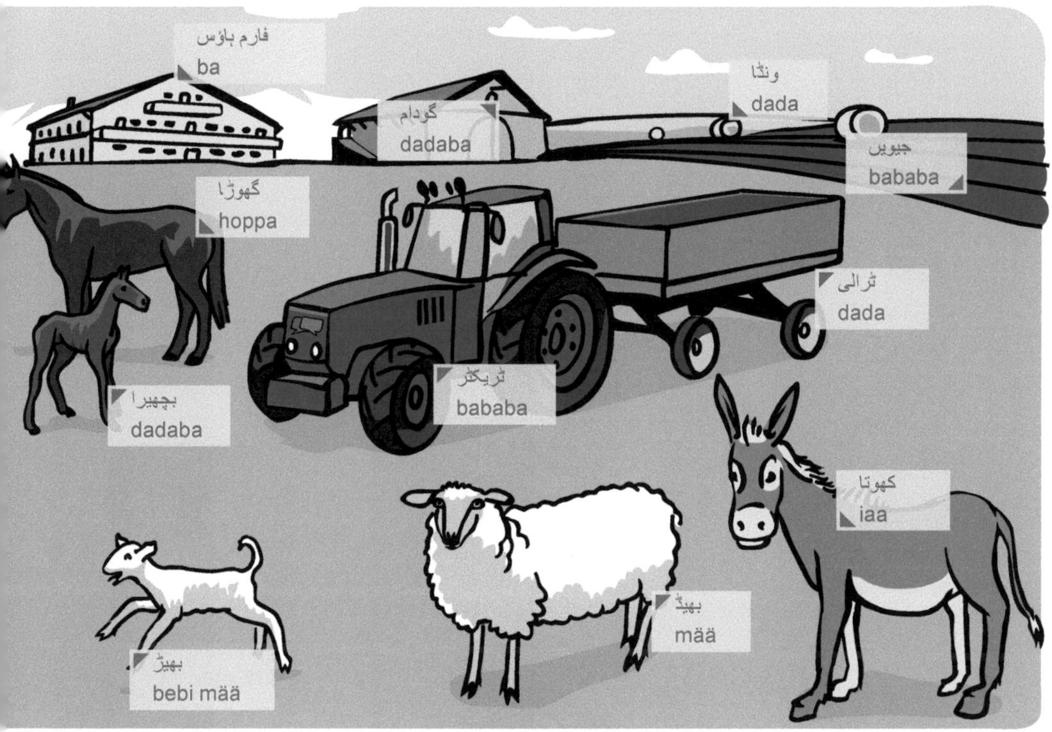
فارم ہاؤس
ba
گودام
dadaba
ونڈا
dada
جیویں
bababa
گھوڑا
hoppa
ٹرالی
dada
ٹریکٹر
bababa
بچھیرا
dadaba
کھوتا
iaa
بھیڈ
mää
بھیڑ
bebi mää

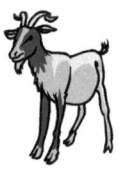

بکری
baba

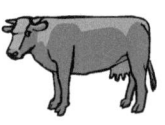

گاں
muh

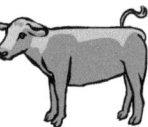

بچھڑا
mimuh

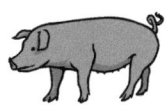

سور
mama oink

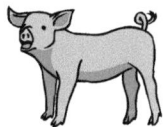

پگ لیٹ
oink

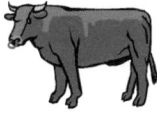

بیل
dadadada

بطخ

gackgack

بطخ

gackquack

چوزہ

gacki

مرغی

gackgack

مرغا

gacko

چوبا

dada

بلی

mau

چوبا

bababa

بیل

muh

کتا

wauwau

کتے نا کھار

wauwau

لان نا پائپ

baba

پانی نا ڈبی

dadababa

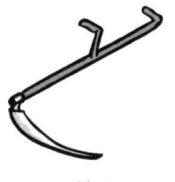

درانتی

baba

ہل

dadababa

درانتی

baba

بو

dadadada

ترنگل

dada

کوہاڑی

bababa

ریڑھی

bababababa

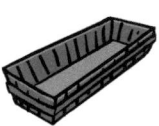

ڈونگا

baba

دودھ نا ڈبہ

dada muh

بورا

dadababa

باڑ

badada

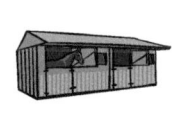

اصطبل

dadadada

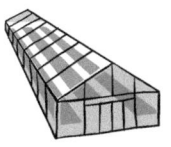

گرین ہاؤس

ba

مٹی

babadada

بیج

baba

کھاد

baba

کمبائن ہارویسٹر

dadababa

فصل

bababa

فصل

dadadada

يامز

dadaba

کنک

dadababa

سويا

dadababa

آلو

bababa

مکئی

badada

تلی

bababa

پھلدار درخت

bababa

کاساوا

dadadada

اناج

dadababa

کھار

dadaba

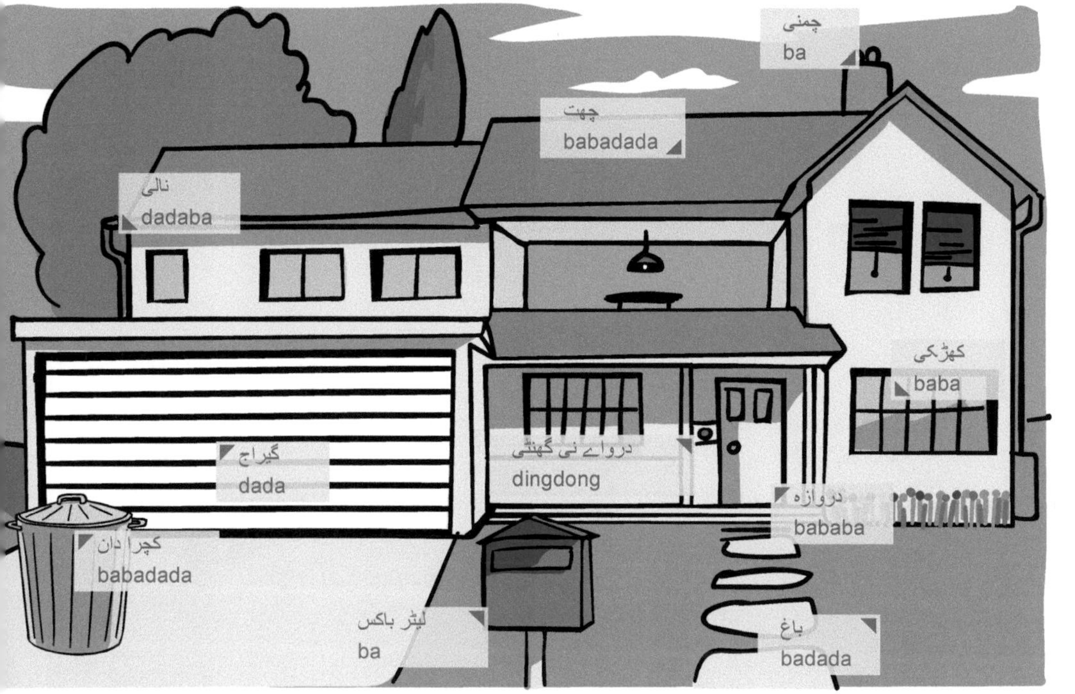

چمنی
ba
چھت
babadada
نالی
dadaba
کھڑکی
baba
گیراج
dada
دروازے نی گھنٹی
dingdong
دروازہ
bababa
کچرا دان
babadada
لیٹر باکس
ba
باغ
badada

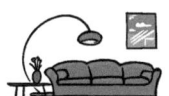

لونگ روم

dadadada

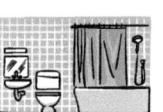

باتھ روم

bababa

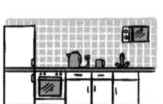

باورچہ خانہ

bababa

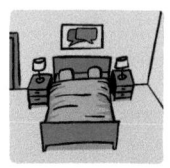

بیڈروم

dadababa

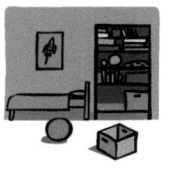

بچیاں نا کمرہ

meina

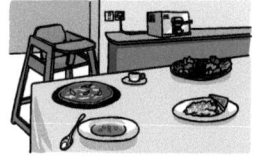

ڈائننگ روم

dadaba

فرش

badada

دیوار

dadababa

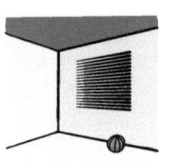

چھت

bababa

سلھبا

dada

سوانا

dadababa

بالکنی

babababa

ٹیرس

dadadada

پول

bababa

لان موور

baba

شیٹ

dadaba

بیڈ سپریڈ

babadada

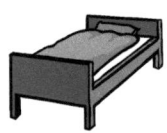

بیڈ

heia!

جھاڑو

dada

بالٹی

dadaba

سوئچ

dadababa

وال پیپر
dadadada

تصویر
badada

لیمپ
badada

شیلف
dadadada

الماری
ba

آگ دان
dadababa

ٹیلیویژن
dada gucki

پھل
mama!

کشن
baba

صوفہ
dada

گلدان
dadaba

ریموٹ کنٹرول
baba

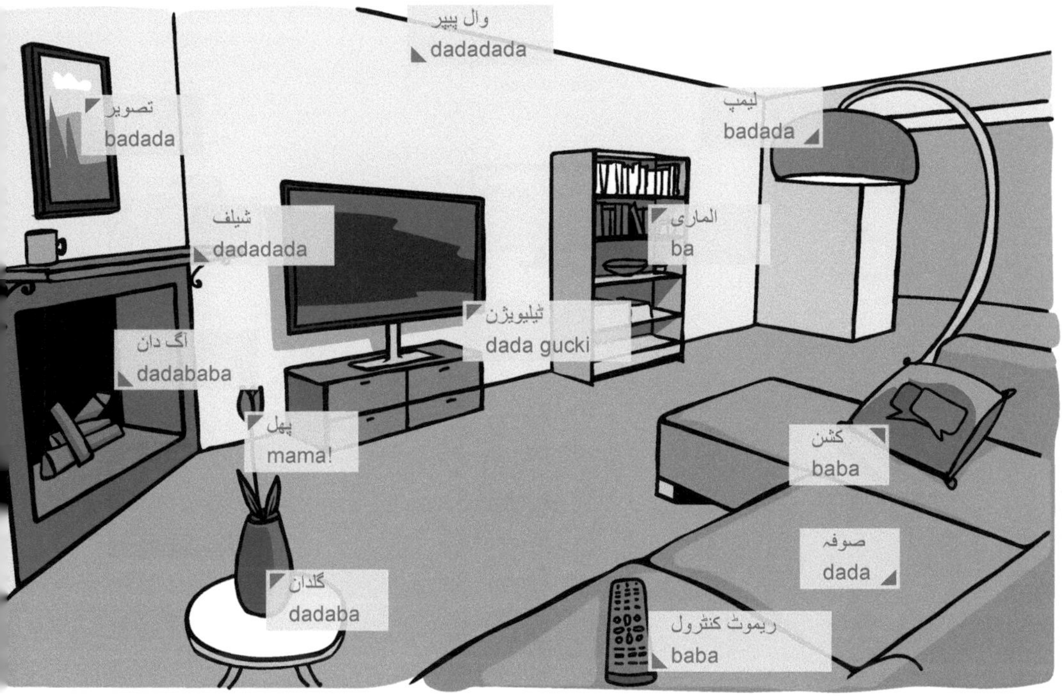

قالین dada	پردے bababa	میز ba

کرسی dadaba	راکنگ چنیر dadadada	آرم چنیر bababa

کتاب
dadaba

کمبل
dadadada

ٹیکوریشن
dadaba

کوئلے
ba

فلم
dadadada

بائی فائی آلات
lala

چابی
babadada

اخبار
dadadada

پینٹنگ
dadadada

پوسٹر
bababa

ریڈیو
lala

نوٹ پیڈ
dadababa

ہوور
babadada

کیکٹس
aua!

موم بتی
babadada

باورچہ خانہ

bababa

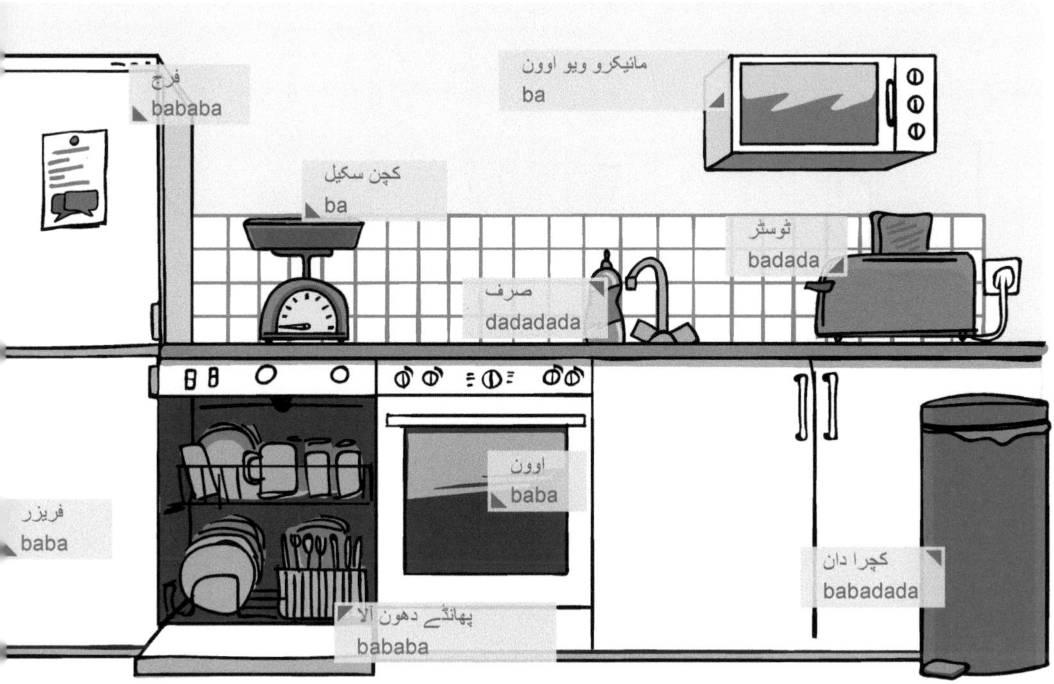

فرج
bababa
مائیکرو ویو اوون
ba
کچن سکیل
ba
ٹوسٹر
badada
صرف
dadadada
اوون
baba
فریزر
baba
کچرا دان
babadada
پھانڈے دھون آلا
bababa

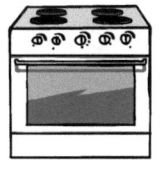

ککر

dada

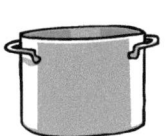

پاٹ

dada

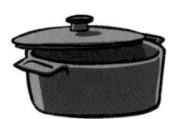

کاسٹ آئرن پاٹ

dada

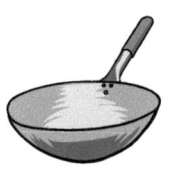

ووک / کدائی

baba / dada

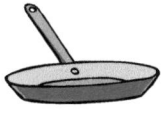

پین

badada

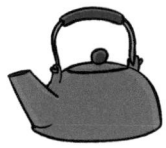

کیتلی

ba

سٹیمر

dadababa

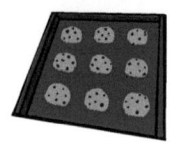

بیکنگ ٹرے

bababa

پھانٹے

dadaba

مگا

dadadada

پیالہ

dadaba

چوپ سٹکس

baba

کرچھل

dadaba

اسپالی

dadadada

پھینٹن آلا

badada

چھننا

dada

چھننی

bababa

جھاواں

baba

کھان پکان آلا چمچہ

dadababa

باربی کیو

dada

چولھا

aua!

کٹنگ بورڈ

dadababa

رولنگ پن

bababab

کارک سکرو

dadababa

کین

dadadada

کین کھلون آلا

bababa

پاٹ پگڑن آلا

dadababa

سنک

dadadada

برش

dadababa

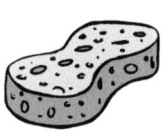

سپنج

ba

بلینڈر

aua!

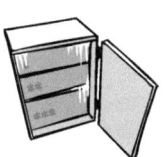

ڈیپ فریزر

babadada

بچے نی بوتل

bababa

ٹوٹی

dadadada

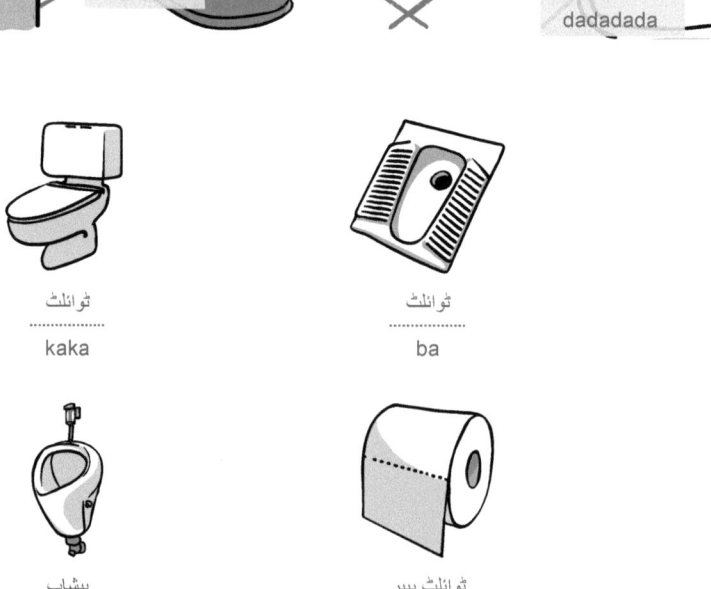

باتھ روم

bababa

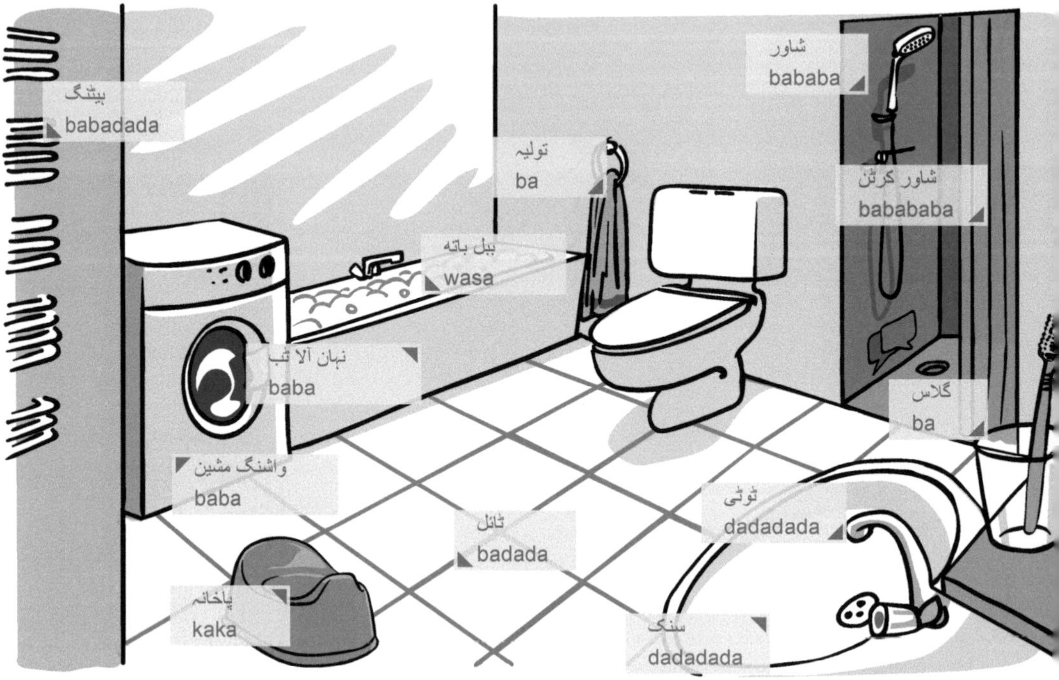

ہیٹنگ
babadada
شاور
bababa
تولیہ
ba
شاور کرٹن
babababa
ببل باتھ
wasa
نہان آلا ٹب
baba
گلاس
ba
واشنگ مشین
baba
ٹوٹی
dadadada
ٹائل
badada
پاخانہ
kaka
سنک
dadadada

ٹوائلٹ

kaka

ٹوائلٹ

ba

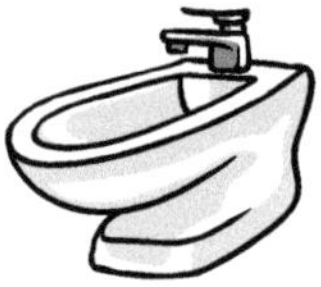

بڈٹ

dadababa

پیشاب

dadababa

ٹوائلٹ پیپر

kaka

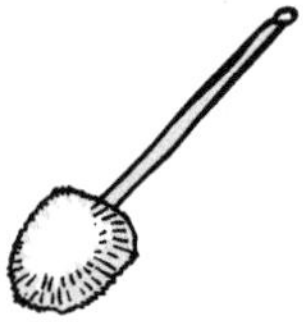

ٹوائلٹ برش

bababa

ٹوتھ برش

bababa

ٹوتھ پیسٹ

nom! nom!

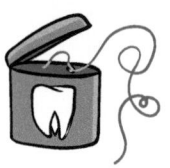

ڈینٹل فلاس

dadadada

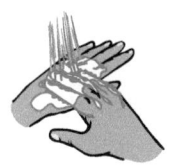

دھونا

bababa

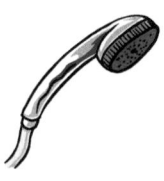

ہتھ وچ پھڑن آلا شاور

babababa

شاور

dadadada

بیسن

badada

بیک برش

dadadada

صابن

nom! nom!

شاور جیل

nom! nom!

شیمپو

nom! nom!

فلالین

babadada

نالی

dadaba

کریم

nom! nom!

ڈیوڈرنٹ

babababa

آئینہ

dadadada

ہتھ آلا شیشہ

dadadada

استرا

ba

شیونگ فوم

nom! nom!

آفٹر سیو

nam! nam!

کنگھا

dadababa

برش

baba

ہیئر ڈرائر

dadadada

ہیئر سپرے

badada

میک اپ

dadaba

لپ سٹک

mama!

ناخن نی وارنش

ba

کاٹن وول

bababa

ناخن کتر

dadadada

پرفیوم

bababa

واش بیگ
dadadada

پاخانہ
babababa

وزن دا پیمانہ
dadadada

باتھ نی الماری
ba

ربر نے دستانہ
babababa

بفر
ba

تولیہ سٹینڈ
bababa

کیمیکل ٹوائلٹ
baba

بچیاں نا کمرہ

meina

الارم کلاک
bababa
کھڈونے
bababa
کھڈونا گڈی
auto
ہڑھڑ
dadadada
گڈی نا کھار
bababa
تحفہ
babababa

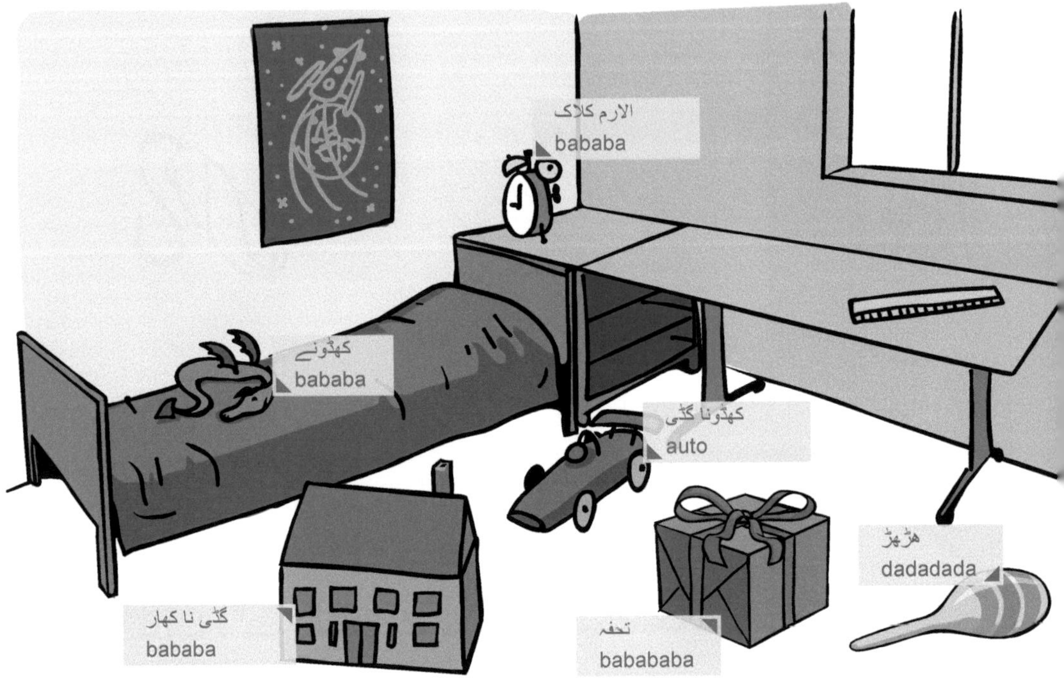

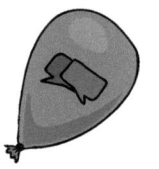

پھکانا

dadadada

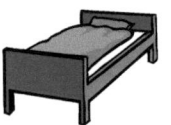

بیڈ

heia!

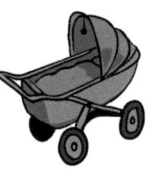

پرام

dadaba

تاش نے پتے

dadababa

جگ سا

bababa

SUPER
MEGA

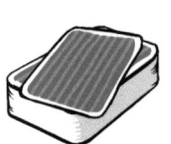

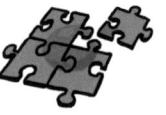

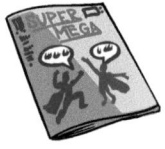

کامک

dadababa

لیگو بِرکس

badada

بلڈنگ بلاکس

badada

کھڈونا

dada

بے بی گرو

dadadada

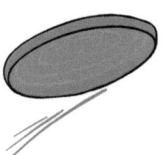

فرزوی

dadaba

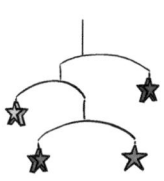

موبائل

dadaba

بورڈ گیم

ba

ڈائس

baba

ماڈل ٹرن سیٹ

dadababa

ڈمی

lula

پارٹی

baba

تصویری کتاب

dadaba

گیند

dada

گڑی

dada

کھیڈنا

badada

سینڈ پٹ

dadaba

جھولا

babababa

کھڈونے

dadababa

ویڈیو گیم کنسول

dadaba

ٹرائی سائیکل

babadada

ٹیڈی بنیر

dadababa

الماری

dadaba

baba

جراباں

dadadada

جرابان

ba

ٹائٹس

dada

سکارف
bababa

چھتری
bababa

بیلٹ
dadababa

ٹی شرٹ
badada

بوٹ
baba

سلیپر
baba

جوگر
ba

سینڈل

bababa

جوتی

badada

ربر نے جوتی

dada

انڈر ونیر

ba

برا

baba

بنیان

dadadada

جسم

badada

پاجامہ

ba

جینز

bababa

سکرٹ

dada

برا

bababa

قمیض

dadadada

سوئیٹر

baba

بوڈی

baba

کوٹ

babadada

جیکٹ

baba

کوٹ

bababa

برساتی

dadababa

کاسٹیوم

bababa

کپڑے

ba

شادی نا جوڑا

dadaba

سوٹ

dadadada

راتے نے کپڑے

babababa

پلجامہ

heia

ساڑھی

baba

سکارف

dadadada

پگڑی

dada

برقعہ

dada

کفتان

baba

برقعہ

dadadada

نہان والے کپڑے

wasa

انڈرونیر

bababa

نیکر

dadababa

ٹریک سوٹ

bababababa

دھوتی

baba

دستانے

bababababa

بٹن

dadaba

چشمہ

babadada

بریسلیٹ

dada

بار

dadababa

انگوٹھی

bababa

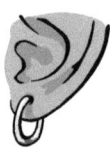

کنٹے

dadababa

ٹوپی

dada

کوٹ ہینگر

babadada

ٹوپی

dadababa

ٹائی

bababa

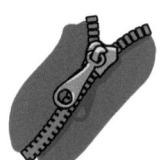

زپ

badada

ہیلمٹ

dadaba

بریسز

dada

سکول نی وردی

babadada

وردی

babababa

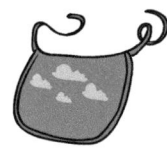

بب

namnam

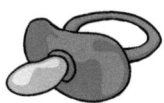

ڈمی

lula

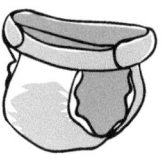

ناپی

kaka!

دفتر

baba

سرور
dadaba
فائلاں نے الماری
dadababa
کاغذ
dadadada
پرنٹر
badada
مانیٹر
dadadada
میز
ba
ماؤس
baba
فولڈر
dadaba
کی بورڈ
dada
کچرے نا ڈبہ
babadada
کمپیوٹر
dada
کرسی
bababa

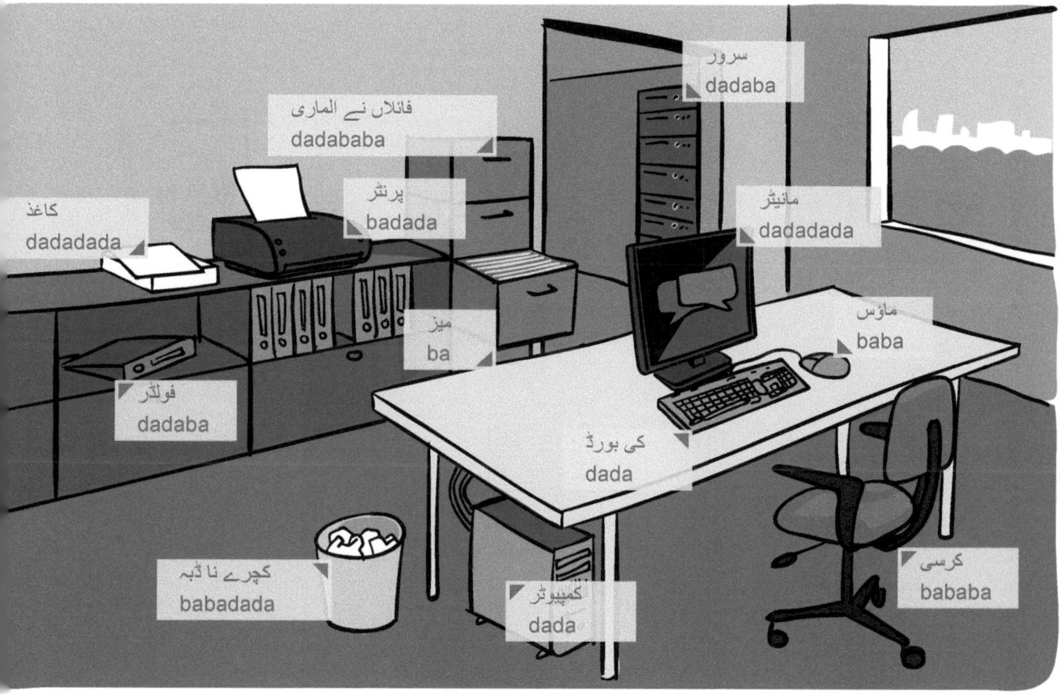

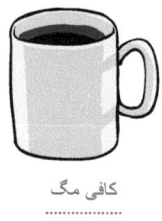

کافی مگ

dada

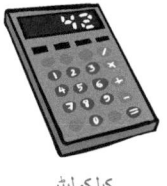

کیلکولیٹر

bababa

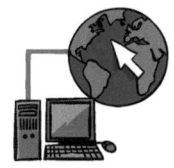

انٹرنیٹ

da da

لیپ ٹاپ

papa!

خط

dadababa

پیغام

ba

موبائل

fon

نیٹ ورک

bababa

فوٹو کاپنیر

ba

سافٹ ونیر

bababa

ٹیلیفون

dada bing

پلگ ساکٹ

aua!

فکس مشین

bababa

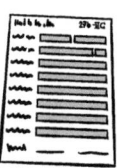

فارم

dadaba

دستاویزات

bababa

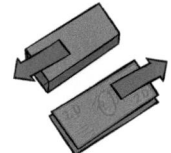

خریدنا
....
baba

ادا کرنا
....
dadadada

تجارت
....
dadaba

پیسہ
....
badada

ڈالر
....
babadada

یورو
....
dadaba

ین
....
bababa

ربل
....
ba

سویس فرانک
....
dada

رینمینبی یوان
....
dada

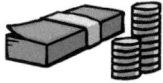

روپیہ
....
ba

کیش پوائنٹ
....
ba

ایکسچینج دفتر

dadadada

سونا

dadadada

چاندی

baba

تیل

dadadada

توانائی

ba

قیمت

dadadada

معاہدہ

baba

ٹیکس

bababa

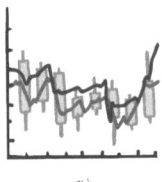

سٹاک

dadadada

کم

dadaba

ملازم

dadadada

اجر

dadababa

فیکٹری

dadaba

بٹی

ba

پلس افسر
baba

اگ بجھان آلا
dada

کک
bababab

ڈاکٹر
aua!

پائلٹ
bababa

مالی	برھئی	درزن
bababa	bababa	baba

جج	کیمسٹ	ایکٹر
bababa	dadaba	dadababa

بس ڈرائیور

ba

ٹیکسی ڈرائیور

auto mann

مچھیرا

bababa

صفائی آلی جنانی

dadadada

روفر

dadadada

ویٹر

dadadada

شکاری

badada

پینٹر

dadadada

بیکری آلا

dadababa

الیکٹریشن

papa!

تعمیرات آلا

babababa

انجینئر

bababa

قصائی

dadababa

پلمبر

dadadada

پوسٹ مین

bababa

سپاہی

dadadada

آرکیٹیکٹ

ba

کیشیئر

dadaba

پھلاں آلا

bababa

نائی

babadada

کنڈکٹر

bababa

مکینک

dadaba

کپتان

dada

دندان ساز

badada

سائنس دان

ba

ربائی

bababa

امام

dadaba

راہب

dada

انگریز

dadadada

ٹولز

dada

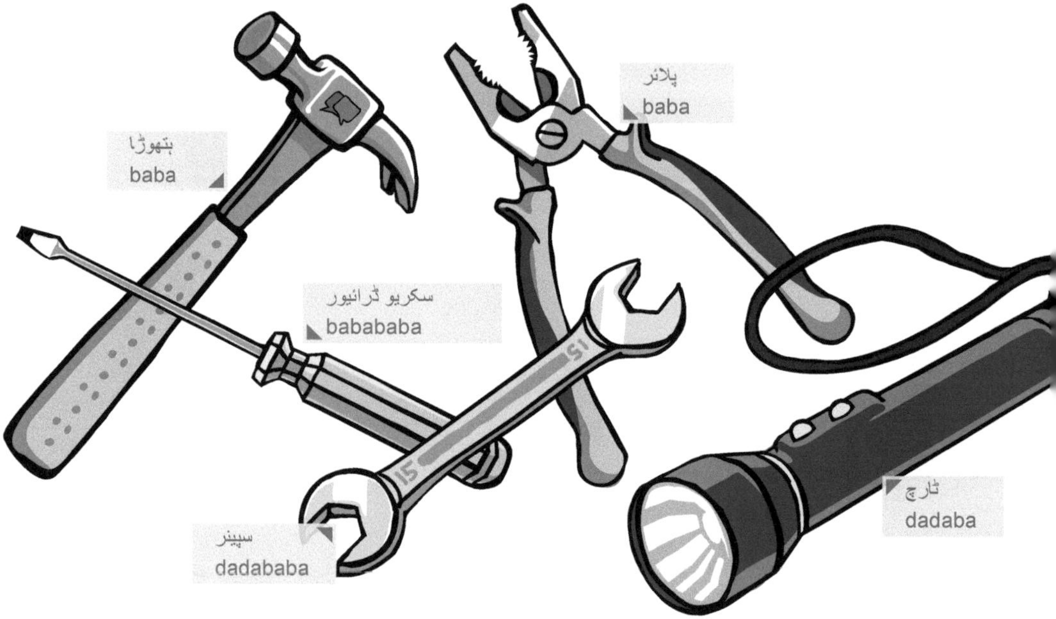

ہتھوڑا
baba
پلائر
baba
سکریو ڈرائیور
babababa
سپینر
dadababa
ٹارچ
dadaba

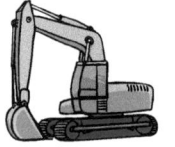

پھاوڑا

dadaba

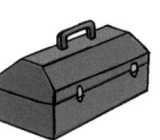

ٹول باکس

baba

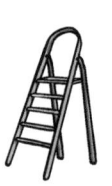

سیڑھی

babababa

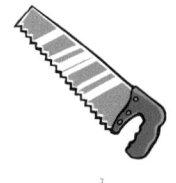

آری

dadaba

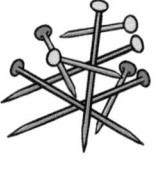

کیل

babadada

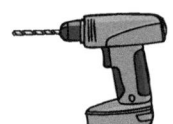

ڈرل

dada

مرمت
dadababa

شاول
dada

لعنت!
aua!

ڈسٹ پین
dada

پینٹ پاٹ
dadaba

سکریوز
bababba

موسیقی نے آلات
bababa

ڈرم کٹ
bungas

لاؤڈ سپیکر
boom boom

گٹار
ba

ڈبل بیس
dadababa

نرسنگے
bombede

پیانو

bingbing

وائلن

bababa

بیس

ba

ٹمپانی

badada

ڈرمز

bunga bunga

کی بورڈ

badada

سیگزو فون

dadababa

بانسری

dadababa

مائکروفون

dadadada

چڑیا گھار

bababa

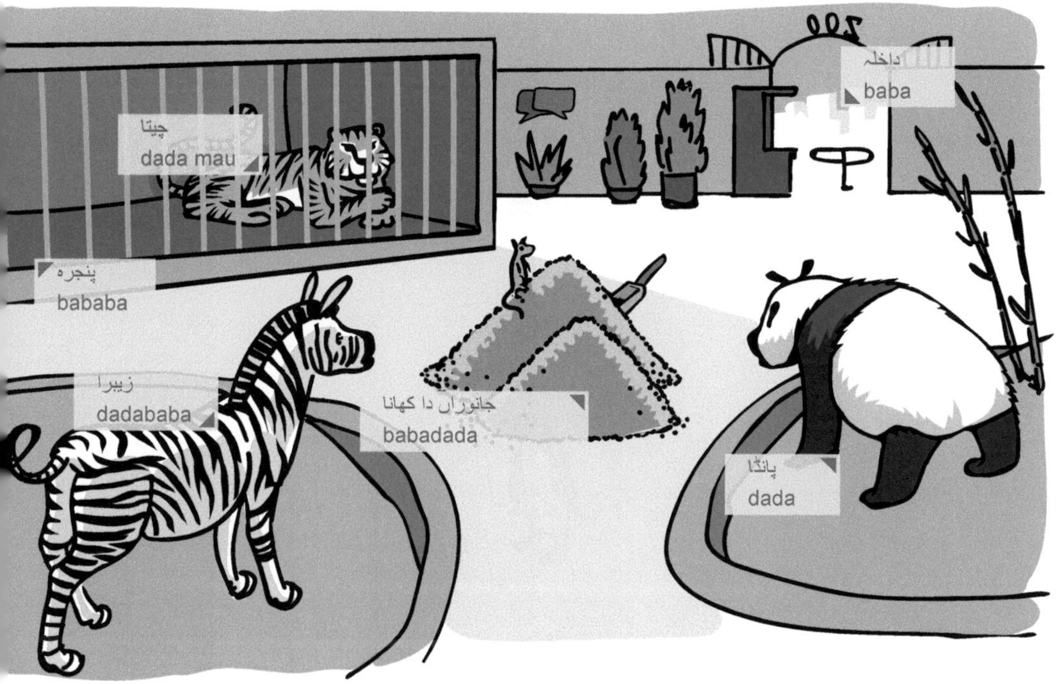
چیتا
dada mau
داخلہ
baba
پنجرہ
bababa
زیبرا
dadababa
جانوراں دا کھانا
babadada
پانڈا
dada

جانور
dadadada

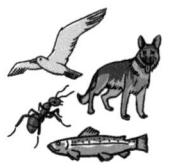

ہاتھی
bababa

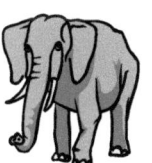

کینگرو
dadaba

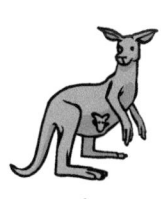

گینڈا
babadada

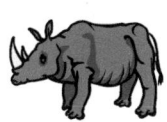

گوریلا
dada

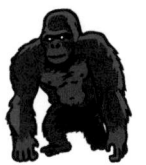

ریچھ
babababa

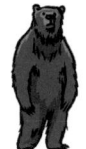

اونٹ

dadaba

شترمرغ

gackgack

شیر

babadada

باندر

dadaba

فلیمنگو

gackgack

طوطا

bababa

برفانی ریچھ

bababa

پینگوئن

dada

شارک

bababa

مور

dadaba

سپ

badada

مگرمچھ

babababa

چڑیا گھر دا رکھوالا

dadadada

سیل

dada

جیگوار

bababa

پونی

ei!

لیپرڈ

dadadada

ہپو

dada

زرافہ

babababa

چیل

bababa

نر سور

babadada

مچھی

nom nom!

کیچھوا

dadadada

والرس

anje

لومبڑ

dadadada

گیزل

bababa

امریکن فٹبال
dadababa

سائکلنگ
dadaba

ٹینس
bum bum

باسکٹ بال
ball

سوئمنگ
badada

باکسنگ
aua!

آئس ہاکی
baba

فٹبال
dadadada

بیڈ منٹن
badada

ایتھلیٹکس
dadababa

ہینڈ بال
ball

سکیئنگ
dadadada

پولو
baba

لکھنا
dadaba

لیک لانا
dada

وکھانا
dadababa

دھکا
dada

دینا
badada

لینا
dadaba

بے وے

dadaba

کرنا

dadadada

ہو

babadada

کھیلونا

dadadada

دوڑنا

baba

چیھکنا

dadababa

سٹنا

dadadada

ٹھینا

dadaba

جھوٹ

badada

انتظار

dadaba

چکنا

bababa

بیٹھنا

ba

کپڑے پانا

dadababa

سونا

heia!

جاگنا

bababa

ویکھنا

bababababa

رونا/چلانا

baaaaaa

سٹروک

dadadada

کنگھا

bababa

گل کرنا

bababa

سمجھنا

baba

پوچھنا/دسنا

badada

سننا

dadababa

پینا

bababa

کھانا

nomnom!

تیار ہونا

badada

محبت

ba

پکانا

badada

گڈی چلانا

dadababa

اڈنا

dadadada

کم - dadadada

سمندری سفر

dadababa

کیلکولیٹ

dadababa

پڑھنا

dadadada

سیکھنا

dadababa

کم

dadaba

شادی

baba

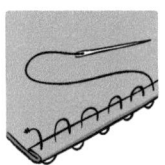

سیونا

dada

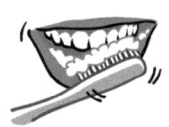

دند صاف

aua!

قتل

aua!

دھواں

dadababa

بھیجنا

babababa

کنبہ

dadababa

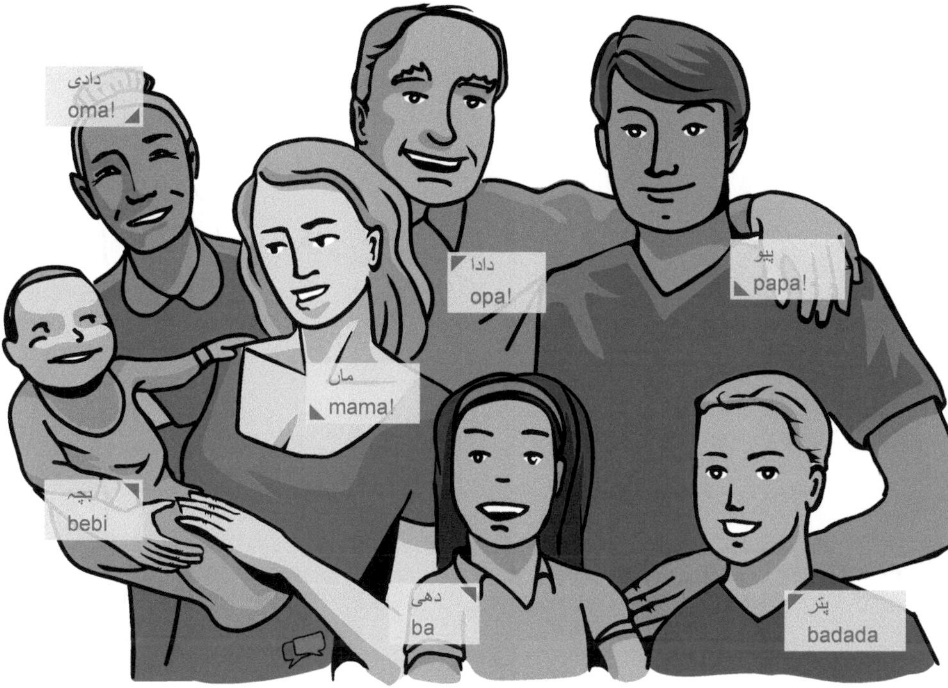
دادی
oma!
دادا
opa!
پیو
papa!
ماں
mama!
بچہ
bebi
دھی
ba
پتر
badada

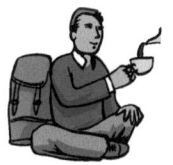

مہمان

baba

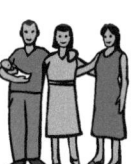

ماسی / پھو

ba

چاچا/ماما

bababa

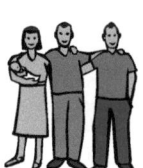

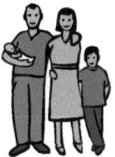

بھرا

nein!

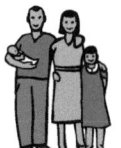

بہن

nein!

جسم

dadababa

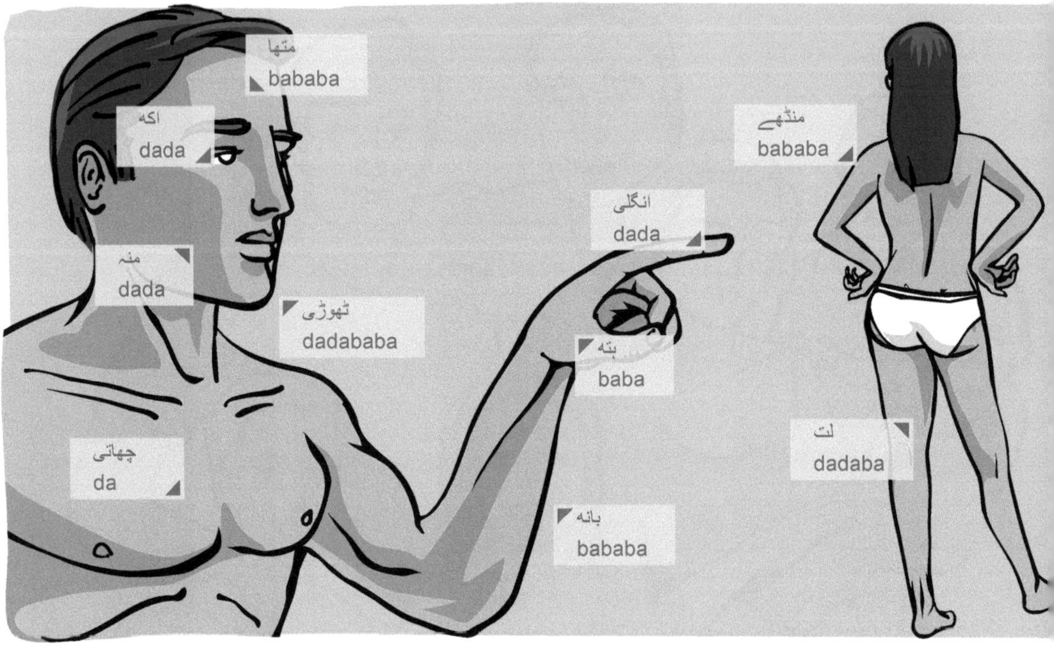

متھا
bababa
اکھ
dada
منہ
dada
ٹھوڑی
dadababa
انگلی
dada
ہتھ
baba
چھاتی
da
بانہ
bababa
منڈھے
bababa
لت
dadaba

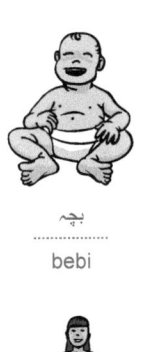

بچہ

bebi

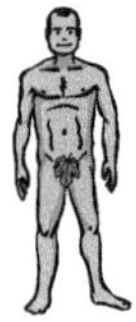

بندہ

papa!

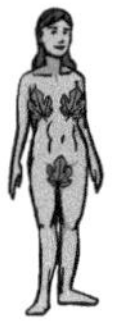

جنانی

mama

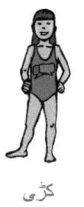

کڑی

baba

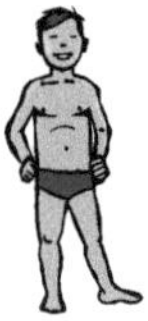

مڑا

babadada

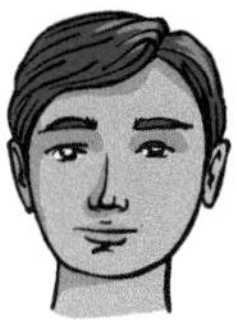

سر

bababa

کمر

baba

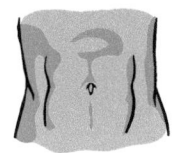

تھڈ

dadababa

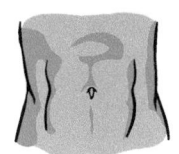

تھنی

dada

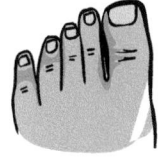

پنجہ

dadababa

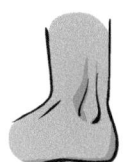

اڈی

ba

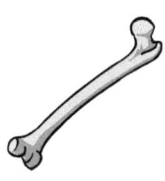

بڈھ

badada

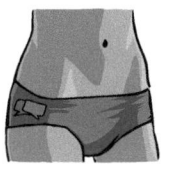

کولہے

bababa

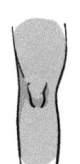

گوڈے

dada

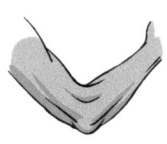

کہنی

dadadada

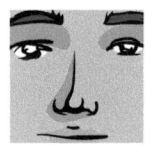

نک

bababa

زیر جامہ

popo

کہل

dadaba

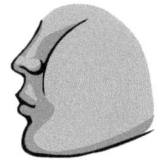

گلاں

badada

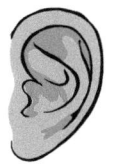

کن

dada

بل

babababa

منہ
....
dadababa

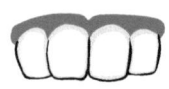

دند
....
dadadada

زبان
....
baba

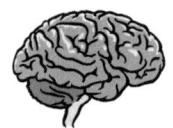

دماغ
....
dadadada

دل
....
baba

پٹھے
....
dada

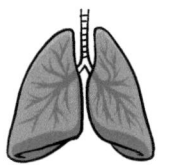

پھیپھڑے
....
dada

جگر
....
dada

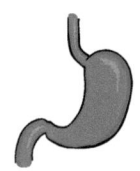

معدہ
....
dadababa

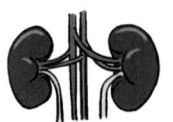

گردے
....
dadaba

جنس
....
babadada

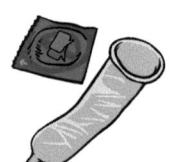

کنڈم
....
dada

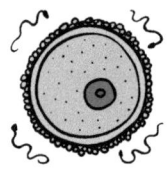

انڈے
....
badada

منی
....
dadababa

حمل
....
dadababa

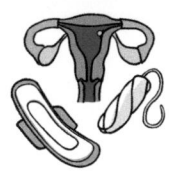

حیض

....

ba

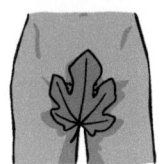

اندام نہانی

....

mumu

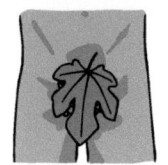

عضو تناسل

....

pipi

بھوں

....

dada

بال

....

dadababa

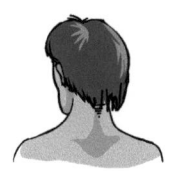

گردن

....

bababa

بسپتال
aua!

ایمبولنس
ba

وهیل چئیر
aua!

فریکچر
aua!

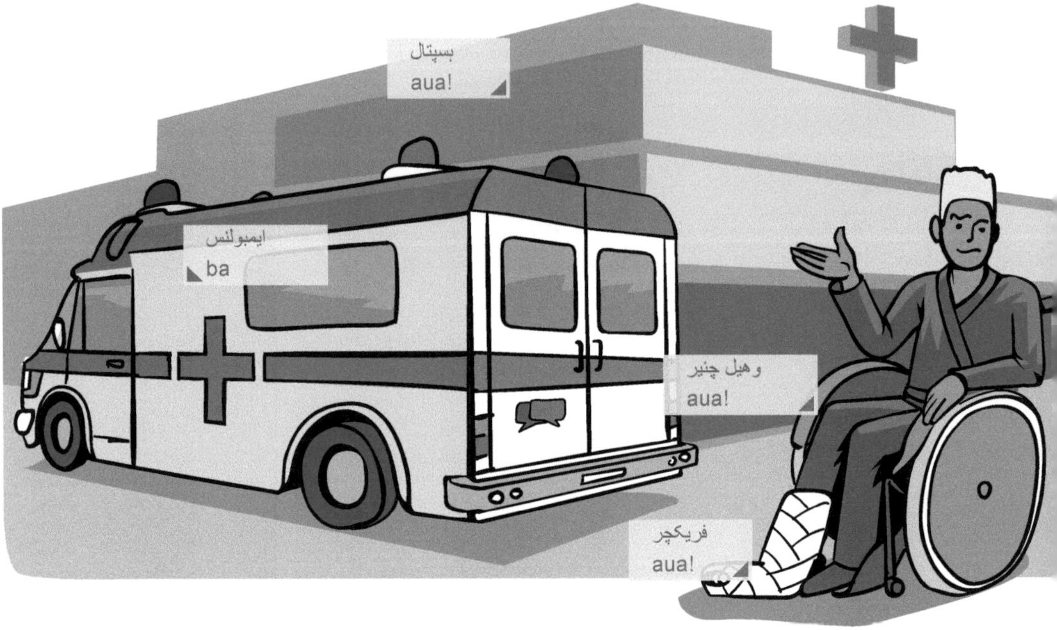

ڈاکٹر
aua!

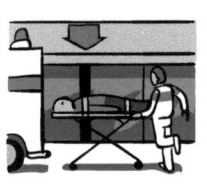

ہنگامی کمرہ
aua!

نرس
aua!

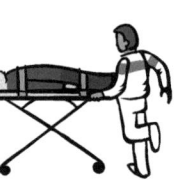

ایمرجنسی
aua!

بے ہوش
aua!

درد
dadababa

سٹ
....
aua!

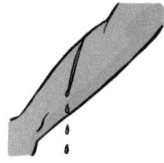

خون نکلنا
....
dadadada

دل نا دوره
....
aua!

فالج
....
aua!

الرجی
....
dadababa

کھنگ
....
aua!

تپ
....
aua!

نزلہ
....
aua!

اسہال
....
aua!

سر درد
....
aua!

کینسر
....
aua!

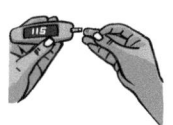

شوگر(ذیابطس)
....
aua!

سرجن
....
aua!

سکیلپیل
....
aua!

آیریشن
....
aua!

سی ٹی

....

aua!

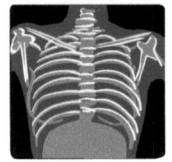

ایکسرے

....

aua!

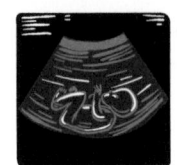

الٹرا ساؤنڈ

....

aua!

چہرہ نا ماسک

....

aua!

بماری

....

aua!

انتظار گاہ

....

aua!

بیساکھی

....

aua!

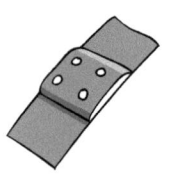

پلستر

....

aua!

پٹی

....

dadababa

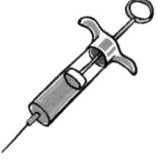

ٹیکہ

....

aua!

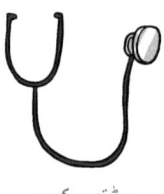

سٹیتھوسکوپ

....

aua!

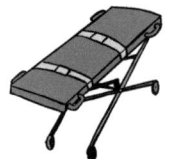

اسٹریچر

....

aua!

کلینکل تھرمومیٹر

....

aua!

پیدائش

....

aua! bebi!

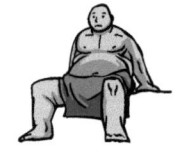

زائدالوزن

....

aua!

سنن لنی آلہ

aua!

جراثیم کش

aua!

متعدی مرض

aua!

وائرس

aua!

HIV/AIDS

aua!

دوائی

aua!

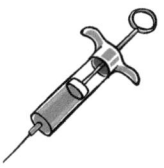

ویکسینیشن

aua!

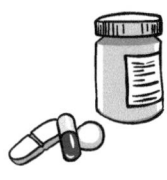

گولیاں

aua!

گولی

dadaba

بنگامی کال

aua!

بلڈ پریشر مانیٹر

aua!

بیمار / صحتمند

da / ba

مدد!
....
aua!

الارم
....
aua!

حملہ
....
aua!

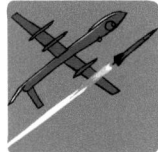

حملہ
....
aua!

خطرہ
....
aua!

بنگامی اخراج
....
dadadada

اگ!
....
dadaba

اگ بجاهن والا آلہ
....
dadaba

حادثہ
....
aua! aua!

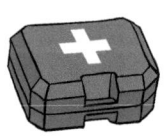

فرسٹ ایڈ کٹ
....
aua!

SOS
....
baba

پلس
....
dadadada

یورپ

badada

شمالی امریکه

dadaba

جنوبی امریکه

dadababa

افریقه

dadaba

ایشیاء

dadaba

آسٹریلیا

babababa

اٹلانٹک

badada

پیسیفک

dadaba

بحیره هند

baba

بهیره انٹارکٹک

bababa

بهیره آرکٹیک

dadababa

قطب شمالی

bababa

قطب جنوبی
dadababa

انتارکتیکا
dadaba

زمین
dada

خشکی
dadaba

سمندر
badada

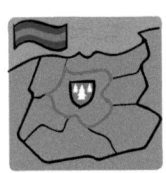

جزیره
dadadada

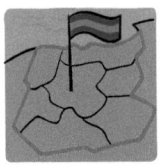

قوم
dadadada

ریاست
dadababa

کلاک فیس

baba

نکی سوئی

babadada

وڈی سوئی

baba

سیکنڈ ہینڈ

bababa

کی ٹائم ہو یا اے؟

dadababa

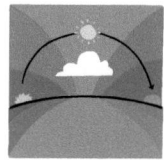

دن

babadada

وقت

dada

بون

baba

ڈیجیٹل گھڑی

dadababa

منٹ

dadababa

گھنٹہ

bababa

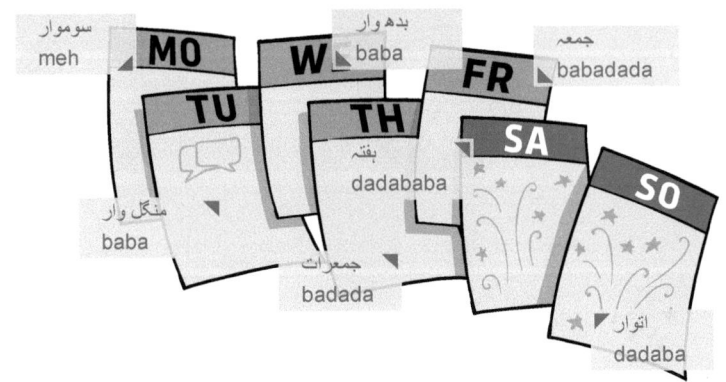

سوموار
meh

بدھوار
baba

جمعہ
babadada

منگل وار
baba

بفتہ
dadababa

جمعرات
badada

اتوار
dadaba

کل
....
dadadada

اج
....
dadababa

کل
....
dadaba

سویر
....
baba

دوپہر
....
baba

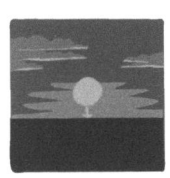

شام
....
dadadada

MO	TU	WE	TH	FR	SA	SU

کاروباری دن
....
dada

ویک اینڈ
....
baba

بارش
dadababa

رین بو
dadaba

بوا
dadadada

برف
kalt

بہار
dadadada

خزاں
bababa

گرمی
badada

سردی
kalt

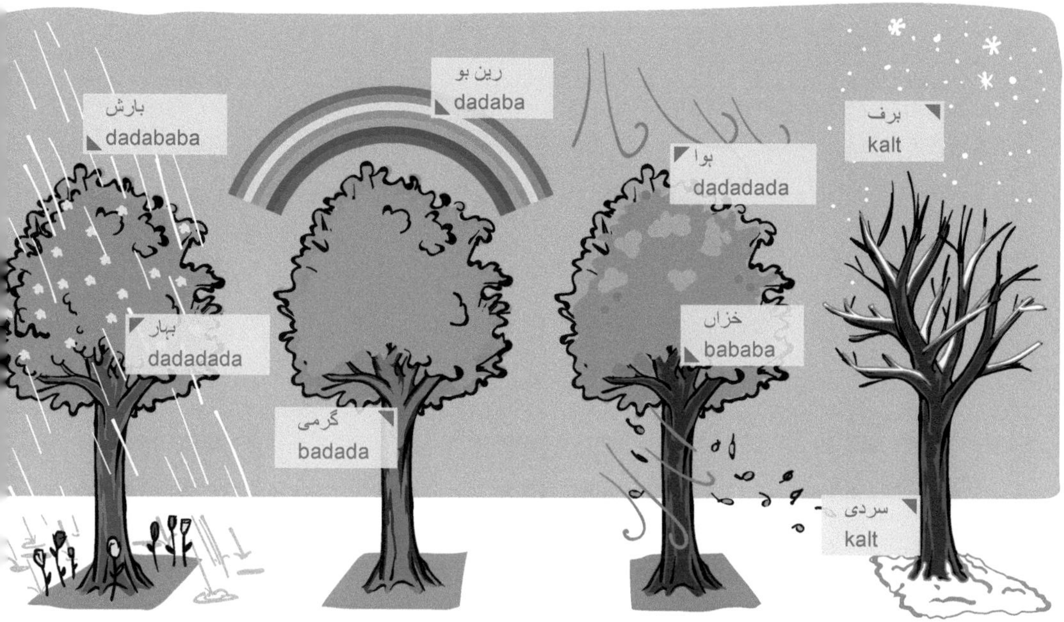

موسمی پیشگوئی
dadababa

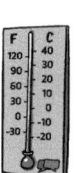

تھرمامیٹر
bababa

سورج نے چمک
ba

بدل
baba

دھند
dadadada

نمی
dada

بجلی کڑکنا
....
dadababa

گرج
....
dada

نھیری
....
badada

اولے
....
dadababa

ساون
....
bababa

سیلاب
....
dadaba

برف
....
dadadada

جنوری
....
dadaba

فروری
....
dadaba

مارچ
....
bababa

ایریل
....
dadadada

مئی
....
dadadada

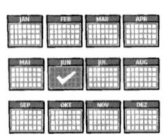

جون
....
babababa

جولائی
....
baba

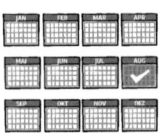

اگست
....
bababa

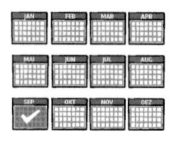

ستمبر
....
dadadada

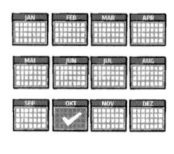

اکتوبر
....
badada

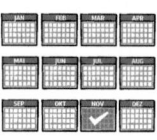

نومبر
....
dadababa

دسمبر
....
baba

شکلاں

dadababa

گول
....
baba

چوکور
....
badada

مستطیل
....
dadababa

مثلث
....
bababababa

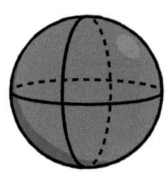

دائرہ نما
....
dadadada

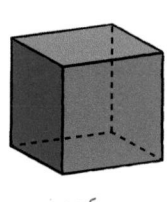

مکعب
....
bababababa

چٹا
....
dadababa

پیلا
....
babababa

نارنجی
....
baba

گلابی
....
dadadada

رتا
....
babadada

جامنی
....
dadababa

نیلا
....
dadadada

برا
....
ba

کتھئی
....
baba

سرمئی
....
bababa

کالا
....
badada

زیاده / گھٹ

da / ba

ناراض / پرسکون

da / ba

خوبصورت / بدصورت

da / ba

ابتداء / اختتام

da / ba

وڈا / نکا

da / ba

روشن / نهيرا

da / ba

بهرا / بہن

da / ba

صاف / گندا

da / ba

مكمل / نا مكمل

da / bada

دن / رات

da / ba

مرده / انده

da / ba

چوڑا / تنگ

da / ba

خوردنی / ناقابل خوردنی

da / ba

پھیڑا / چنگا

da / ba

خوش / ناخوش

ba / ba

موٹا / پتلا

da / ba

پہلا / آخری

ba / ba

دوست / دشمن

da / bada

بھریا / خالی

da / ba

سخت / نرم

da / ba

بھاری / ہلکا

da / ba

بھوک / پیاس

da / bada

بیمار / صحتمند

da / ba

قانونی / غیر قانونی

da / ba

ذہین / بیوقوف

da / ba

کھبا / سجا

ba / ba

کولے / دور

da / ba

نواں / پرانا

da / bada

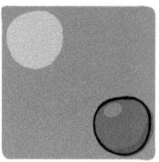

کجھ نئیں / سب کجھ

da / ba

بڈھا / جوان

ba / ba

کھولنا / بند کرنا

da / ba

کھولنا / بند کرنا

da / ba

خاموشی / شور

da / ba

امیر / غریب

ba / ba

درست / غلط

da / ba

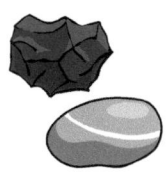

کھردرا / ہموار

da / ba

افسردہ / خوش

ba / ba

نکا / لما

da / ba

آہستہ / تیز

da / ba

گیلا / خشک

da / bada

گرم / ٹھنڈا

da / bada

جنگ / امن

da / ba

dadaba

0	**1**	**2**
صفر	اک	دو
dada	a	ba
3	**4**	**5**
تن	چار	پنج
da ba da	badabada	dadababa
6	**7**	**8**
چہ	ست	اٹھ
dadaba	badada	dadababa
9	**10**	**11**
نو	دس	یاراں
dadaba	dadadada	badada

12

بار‌اں
....
baba

13

تیر‌اں
....
bababa

14

چودا
....
baba

15

پندرہ
....
babadada

16

سولہ
....
dadababa

17

ستار‌اں
....
babababa

18

اٹھار‌اں
....
dadababa

19

انیہ
....
bababa

20

وی
....
dadababa

100

سو
....
baba

1.000

ہزار
....
baba

1.000.000

ملین
....
dadababa

انگریزی
....
baba

امریکی انگریزی
....
babadada

چینی مینڈیرین
....
dadababa

ہندی
....
ba

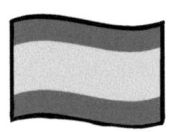

سپینش
....
badada

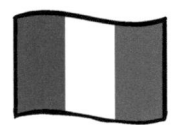

فرینچ
....
ohlala

عربی
....
babadada

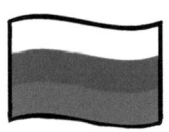

رشین
....
dadaba

پرتگالی
....
dada

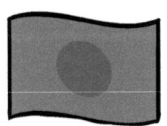

بنگالی
....
dadadada

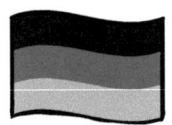

جرمن
....
badada

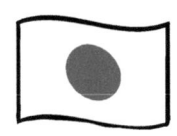

جاپانی
....
dadadada

میں

a

توں

dadadada

وہ/اوہ/ایہہ

da / da / da

اسیں

o ba ma

توں

bababa

او

baba

کون؟

dadadada

کی؟

dadadada

کیوں؟

baba

کتھے؟

babababa

کدوں؟

babadada

نان

dadaba

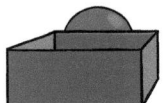

پچھے

baba

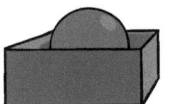

وچ

dadaba

نے سامنے

baba

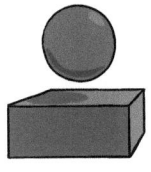

تے

ba

تے

baba

پیٹ

dadababa

سوا

babababa

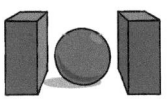

مابین

ba

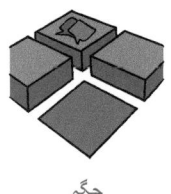

جگہ

dada